'예수 그리스도 심장'으로 경건을 주창한 선구자들

경건의 후예들

정인모 지음

'예수 그리스도 심장'으로 경건을 주창한 선구자들
경건의 후예들

꿈과 비전
Dream & Vision Books

[목 차]

들어가며　　5

Chapter 1
독일의 경건주의　　11

Chapter 2
독일 경건주의 후예들　　23

슈페너　　24
프랑케　　30
친첸도르프　　37
벵엘　　51
프라티히　　61
외팅어　　69

Chapter 3
'경건주의' 운동이 오늘날에 전해주는 메시지　　79

[들어가며]

'예수 그리스도의 심장' 본받아 경건의 삶을

　루터 종교개혁 500주년 기념의 해였던 2017년도 이제 지나갔다.
　작년 한 해 동안 수많은 기념사업이 국내외적으로 진행되었고 이를 통해 개혁신앙의 근본을 다시 되돌아보고 참 신앙의 본질을 숙고하는 귀한 기회가 되었다.
　이를 통해 우리의 힘과 능력 되시는 주님을 바라보며, 개혁신앙의 뿌리를 붙들고, 우선은 우리 자신과 우리 교회 더 나아가 우리나라의 교회 갱생의 실천을 다짐해 본다.
　이 시대에 의인 10명을 찾으시는 하나님의 마음을 시원케 해드릴 자가 누구인가?
　우리는 그저 하나님 말씀대로 늘 깨어 있는, 주님의 그루터기 자녀로서 나아갈 길을 뚜벅뚜벅 걸어가야 하리라 본다. 이것이 우리가 짊어지고 가야 할 십자가의 길인 것이다.
　그래서 '루터의 종교개혁'은 다시 시작이다. 과거지사가 된 지난 해의 행사가 아니라, 이제부터 또 앞으로 펼쳐질 연속적 사업이자 세상 끝까지 유효한 과제가 바로 그것이다.

루터 이후 이러한 개혁 정신을 유지하려고 했던, 가장 활발하게 전개된 대표적인 개신교 신앙 운동으로 독일 경건주의와 영국의 청교도 운동을 든다.

이들은 루터 이후 교회가 여전히 교리화·제도화의 틀에 갇히게 되자 새로운 신앙 갱신 운동을 전개해나갔다. 아울러 이들은 당시 계몽주의 이후 팽배해지던 이성적 인본주의에 대응하면서 복음주의 노선에 충실히 임하고자 애썼다. 그리고 이들은 새로운 교파를 만들기보다 루터의 종교개혁 정신으로 생활 속 신앙의 실천을 강조했다.

◎ 이재철 목사 [참으로 신실하게], 젊은 날에 큰 감동

이 책을 내는 이유도 이와 같은 맥락과 맞닿아 있다. 이 시대에 왜 새삼스레 '경건'을 말하는가?

그 이유는 오늘날 이토록 경건함이 메말라 있고 경건하고 진실한 생활이 너무 절박하므로 경건을 다시 말할 수밖에 없는지도 모른다.

이재철 목사님이 저술한 [참으로 신실하게]라는 책이 있다. 젊은 시절 나는 이 목사님의 이 책을 읽으면서 깊은 감명을 받았다. 한꺼번에 읽기 아까워 양을 조절하면서 읽었던 기억이 새롭다.

우리가 '참으로 경건하게' 살 수는 없을까? 성경은 하나님 앞에 경건하게 산 사람들을 기록하고 있다. 신구약의 대표 인물인 모세·

바울은 물론이고, 욥·고넬료 등 참으로 많은 하나님의 사람들이 '참으로 경건하게' 살았다.

이분들처럼 '참으로 경건하게' 살 수는 없을까? 디모데후서 3장 15절 말씀처럼 "경건의 모양은 있으나 경건의 능력을 부인하는 자"가 아니라, 나의 온 마음을 다하여 하나님의 귀한 자녀로 살아갈 수는 없을까?

경건은 성경을 관통하는 키워드의 하나이다. 기독교에서 경건은 우리 일상생활에서 실천해야 할 중요한 덕목이다.

이 책을 통해 루터 종교개혁 이후 복음의 순수성을 회복하려 했던 17~18세기 독일 경건주의를 고찰하고, 경건주의의 대표적 인물 6명을 소개하려 한다.

21세기를 맞는 우리 개신교는 신기하게도 500년 전 16세기 루터로 거슬러 올라가는 데에 전혀 무리가 없다.

하지만 루터 이후 오늘날에 이르기까지의 시기에 루터의 개혁 정신을 고수하려고 했던 흔적을 찾을 수는 없을까 하는 게 나의 고민이자 궁금함이었다.

오늘날 우리나라 교회나 성도가 지니는 어려움의 해결책을 경건주의 전통에서 찾을 수 있지 않을까 하는 기대감으로 이 책을 구상했다. 왜냐하면, 경건주의자들이 보여주었던, 복음에 입각한 실천적 삶이야말로 오늘날 우리에게 가장 필요한 핵심적인 치유 방안이 될 수도 있기 때문이다.

여기서 소개하는 경건의 후예들은 각자 고유한 이력을 갖고 있지만, 모두 '예수 그리스도의 심장'을 본받아 살려고 했던 공통점이 있다.

실질적 경건주의 운동의 시발점인 슈페너, 회심을 통해 경건주의 신앙을 사회의 교육과 복지에 이르기까지 영역을 넓혀간 프랑케, 그리고 후대 개혁신앙 공동체에 큰 영향을 준 친첸도르프와 그가 설립한 공동체 헤른후트를 소개하려 한다.

이어서 그 이후 경건의 후예로서, 신학자이면서 교육자였던 벵엘, 겸손함의 대명사인 프라티히, 계몽주의 파고에 지성과 영성으로 맞선 외팅어의 삶을 소개하고자 한다.

아무쪼록 이 얇은 책자가 힘든 영적 전투를 수행해야 하는 우리에게 자그마한 힘이 되어준다면 그보다 무엇을 더 바라겠는가.

2018년 10월
정인모

Chapter ❶
독일의 경건주의

경건주의 운동, 독일 사회 전반에 큰 영향력

신약성서 사도행전에 기록된 마가 다락방의 성령 체험 이후 시작된 기독교 교회 공동체의 역사를 보면 나사렛 예수 그리스도의 원 복음을 지켜내고 유지하기가 순탄하지 않았음을 알 수 있다.

이에 대해 순수복음을 수호하고 복음의 핵(중심)으로 끊임없이 향하고 그것을 회복하려는 시도가 늘 있었다.

결국에 세상의 교회공동체란 늘 불완전하기 마련이고, 시간이 흐르면 그 복음의 핵심이 늘 제도화되고 계급화·세속화되는 것을 피할 수 없었다. 그럴 때마다 본래 복음의 회복을 위한 끊임없는 노력과 투쟁이 전개되었음을 알 수 있다.

초기 교회시대에도 그랬지만, 특히 중세 이후 변질된 복음을 다시 회복하고자 하는 운동이 종교개혁자들을 중심으로 전개되어왔다.

종교개혁의 모토가 '개혁적 신앙'이라 할 때, 이 개혁의 의미로 늘 원 복음을 바탕으로 새로운 형태의 교회공동체가 세워지기 마련이다.

이러한 개혁신앙 혹은 복음주의 갱생 운동은 18세기 독일 경건주의 운동에서 확연해진다. 경건주의 학자 발만Wallmann은 경건주의가 영국 퓨리턴과 더불어 종교개혁 이후 가장 중요한 '종교적 혁신 운동'이었다고 평가하고 있다.

16세기 종교개혁 시대 개신교 교회공동체 생활 관련 그림

◎ 개인적 영성·체험 강조, 복음 핵심으로 돌아가자!

요한 아른트의 초상화

경건주의Pietismus가 물론 17세기 요한 아른트Johann Arndt의 [진정한 기독교Das wahre Christentum]에서 출발했다고 보기도 하지만, 일반적으로 18세기에 경건주의의 꽃을 피운 세 사람으로 슈페너Spener·프랑케Francke·친첸도르프Zinzendorf가 거론된다.

루터의 종교개혁이 교회 개혁과 관련 있다면, 경건주의는 신앙생활의 개혁이었다. 그래서 경건주의는 일상생활 속에서 하나님의 은총을 체험해야 한다는 게 그 논지였다.

교리 혹은 제도화된 종교의 모든 담론을 거부하고 말씀 중심의 복음 정신을 구현해야 한다는 점에서 종교개혁 당시의 '오직 성경solar scriptura' 신앙과 맞닿아 있다. 아울러 경건주의는 이에서 더 나아가 '오직 성경'이 생활 속의 '총체적 성경tota scriptura'으로 보완되어야 한다고 봤다.

이런 면에서 예수의 본래 복음 정신은 종교개혁, 18세기 경건주의의 개혁적 신앙전통으로 면면히 이어져 오고 있음을 알 수 있다.

종교개혁자들의 개혁 전통과 마찬가지로, 경건주의는 개인화와 종교적 삶의 내면화 바탕 위에 개인의 경건과 공동체 삶의 새로운 형식을 발전시켰다. 이는 또한 신학과 교회의 지속적 개혁에 영향을 미쳤고, 각 해당 국가의 사회 문화적 삶에 깊은 흔적을 남겼다.

독일의 경건주의는 학파(철학)와 종파 논쟁, 외형으로 굳어진 전통 관습적인 기독교 정신에서 벗어나려는 열망에서 비롯되었다.

특히 루터 종교개혁 이후 종교가 다시 교리화 되고 루터교가 국가종교 형태를 띠기 시작하자, 개인적 영성과 체험을 강조하며 복음의 핵심으로 돌아가자고 강조했다. 즉 이들은 이른 바 '루터로서 루터를 재단한 사람들'이라 말할 수 있다.

경건주의자 '피에티스텐Pietisten'이라는 용어는 1680년 슈페너의 편지 속에서 처음 쓰였다고 주장되어왔다.

이는 1674년 슈페너를 따르는 무리를 지칭하는 것으로 초창기에는 남독일에서 사용되었다. 그후 1689년부터 프랑케를 둘러싸고 '피에티스텐'·'피에티스무스'라는 말이 사용되면서 이후 전 독일에 널리 이 용어가 확대 사용되기에 이르렀다.

프랑케의 추종자이자 라이프치히 대학 수사학 교수인 펠러Joachim Feller는 경건주의자를 정의하면서 "하나님 말씀을 공부하는 사람, 바로 그 말씀에 따라 경건한 삶을 영위하는 자"라고 했다.

종교개혁 초기의 '오직 성경' 신앙의 요점은 디모데후서 3장 15~17절 말씀에 녹아있다

19세기에 이르기까지 경건주의는 슈페너와 프랑케에서 출발한 루터 교회 내 종교 운동으로 이해되었고, 넓게 보면 독일과 스위스의 개혁교회와 비슷한 운동으로 인식돼왔다.

이 경우 친첸도르프와 형제 교회는 경건주의에 포함되지 않았다. 그래서 독일의 문호 괴테Goethe도 '분리주의자·경건주의자·헤른후터Separatisten·Pietisten·Herrnhuter'를 나란히 따로 언급하고 있고, 이러한 좁은 개념은 19세기 전반까지 이어졌다.

하지만 19세기 중후반부터 하인리히 헤페Heinrich Heppe와 알브레히트 리츨Albrecht Ritschl에 의해 경건주의 개념은 확장되었는데, 그

요한 아른트의 주장을 요약한 일러스트

16 경건의 후예들

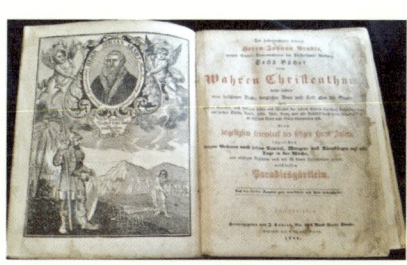

요한 아른트의 [진정한 기독교] 책자 외형 및 내부와 그 안의 삽화

이후 교회사 기술에서 리츨의 이론이 적용되었다.

특히 리츨은 역사적 경건주의 개념을 조직신학적 개념, 즉 '순전히 사적인, 세상과 등지는 기독 정신'으로 대체해 버렸다. 그리고 피에티스무스를 네덜란드 개혁파에까지 확대시켜, 경건주의·청교도주의·헤른후트 정신 간의 경계를 없애버렸다.

경건주의를 방대하게 규정하려는 리츨의 견해는 이후 많은 논란을 불러일으켰다. 특히 영국의 경건주의(퓨리턴)를 리츨이 간과했음을 알 수 있다. 따라서 리츨이 말한 경건주의 개념은 좀 더

좁혀져야 한다는 것이었다.

하지만 20세기 들면서 우여곡절은 있었지만, 리츨의 견해가 우세했고, 네덜란드와 청교도 형제교회도 경건주의 역사에 수렴되게 되었다.

독일 경건주의 연구는 리츨의 의도대로 다시 '교회 중심적 경건주의'와 '과격한 근본주의'로 나뉘게 된다. 그래서 친첸도르프와 형제교회는 경건주의 연구에 수렴되지 못한다.

리츨은 경건주의가 독일 중세 수도사들의 금욕주의적 신비주의에 뿌리를 두고 있는데 세상 도피적이고 반문화적인 경건성을 추구하는 정신이라고 주장했다.

그에 반해, 막스 베버는 경건적 종교성의 실제적 영향에 초점을 맞추면서, 영국 퓨리턴의 '세상 속 금욕'으로 해석했다.

세상 도피적인 신앙의 비판 대신 경건주의가 긍정적 사회 영향을 주는 시각을 갖게 했다는 것이다. 더구나 베버의 영향을 받은 칼 힐리히스Carl Hinrichs는 더 큰 열매를 맺게 되는데, 그는 할레 경건주의를 '사회 개혁 운동'으로 보았다. 반면 하르트무트 레만Hartmut Lehmann의 경우 할레 경건주의가 일반화될 수는 없다고 하면서, 막스 베버가 적용하지 못했던 뷔르템베르크 경건주의 발전을 고찰했다.

리츨의 경건주의 기본확정에 대해 신학적 비판이 가해지고, 호르스트 슈테판Horst Stephan의 [교회, 신학, 그리고 일반적 인문 교

'총체적 성경' 신앙은 생활 속의 실천 신앙이라 할 수 있다

육의 발전을 촉진한 경건주의](1908)라는 책의 영향으로 경건주의는 '종교·교회적 개혁 운동'의 개념이 강해진다.

◎ 경건주의, 17C 후반~18C의 개인 신앙회복 운동

이상과 같이 독일 경건주의는 학자에 따라 그 시기가 다르다. 이를테면 하워드 스나이더는 1600년대 초, 독일의 루터교 목사인 요한 아른트부터 시작하여 1771년 존 웨슬리가 죽을 때까지 약 두 세기 기간에 일어난 것으로 본다. 반면 경건주의 연구가 페터 쉬케탄츠는 1675년부터 1800년 사이로 본다.

엄밀히 말하자면 경건주의는 이처럼 역사적인 시대 범위를 정확히 정할 수 없지만, 일반적으로 17세기 후반부터 18세기에 일

어난 개인 신앙회복 운동이라 볼 수 있다.

경건주의에는 슈페너보다 더 앞선 요한 아른트Johann Arndt에서 출발하고, 경건성이 담긴 텍스트, 즉 종교서, 신앙 작품까지 포함하는 '광의의 개념'이 있는가 하면, 정통(orthodox·오소독스) 혹은 막 시작된 계몽주의적 사상에서 분리된, 사회적으로 파악할 수 있는 종교적 쇄신 운동을 일컫는 '협의의 개념'도 공존한다.

경건주의는 종교개혁 이후 종교개혁 정신을 유지하고 삶의 현장에서 교회의 개혁을 시도했던 운동이었다.

이를 쉬케탄츠는 좀 더 자세히 나누어, ① 고전 경건주의 시대 ② 네덜란드, 라인강 하류, 브레멘 경건주의 ③ 필립 야콥 슈페너 경건주의 ④ 프랑크푸르트 마인의 잘호프Saalhof 중심의 급진적 경건주의 ⑤ 아우구스트 헤르만 프랑케의 경건주의 ⑥ 니콜라스 루트비히, 폰 친첸도르프의 경건주의 ⑦ 뷔르템베르크 경건주의로 각각 분류했다.

경건주의 대표주자인 슈페너·프랑케·친첸도르프 등은 각기 그 나름의 특성이 있지만(이들 외에도 뷔르템베르크 지역 출신인 벵엘Bengel, 프라티히Flattich, 외팅어Oetinger 등의 경건주의자들이 있다) 서로의 공통점을 찾는다면 다음과 같다.

첫째 모든 형태가 성경을 향한, 성경으로부터 온 운동, 다시 말해 성경의 중요성을 중심에 둔 운동이다.

둘째 '거룩한 삶'이라는 주제어로 표현된다. 다시 말해 교리와 삶 사이의 긴장감이 애초부터 조성되어왔다면, 칭의(稱義)만으로는 부족하고 언제나 성결이 덧붙여져야 한다는 의미이다.

셋째 경건주의는 먼저 마음속에 둥지를 틀어야 하고, 어떻게 믿음이 머리로부터 가슴으로 향할 수 있는가 하는 심령에 관심이 있는 운동이었다. 그래서 슈페너는 '단순한 학문 속'에서만 신학이 이루어져서는 안 된다고 주장한다.

독일에서 17세기 후반부터 시작해 18세기에 거세게 일어난 개인 신앙회복 경건주의 운동 참가자들

16세기 종교개혁 시대 개신교 교회공동체 생활 관련 그림

Chapter 2
독일 경건주의 후예들

독일 경건주의 태동의 산파역으로 맹활약
슈페너(Phillipp Jakob Spener 1635~1705)

필립 야곱 슈페너 초상화

누가 뭐래도 독일 경건주의 태동에 결정적 역할을 한 사람이 필립 야곱 슈페너Phillipp Jakob Spener이다.

'조용하고 온화하며 부드러운 인상'의 주인공이었던 슈페너는 1635년 현재 프랑스 영토인 라폴츠봐일러(현 명칭은 Ribeauville·리보빌레)에서 태어났다.

그는 일찍이 신학을 공부했고, 성경·교리서·신앙 서적 등을 즐겨 읽었다. 슈페너는 슈트라스부르크 대학에서 공부했는데, 그가 슈트라스부르크 대학에 입학할 때까지 큰 영향을 끼친 사람은 청년 시절 그의 목사였던 요아힘 슈톨Joachim Stoll(1615~1678)이었다.

슈페너는 그를 아버지처럼 존경했고 훗날 그는 슈페너의 손위 처남이 되었다. 그의 조언자였던 슈톨은 슈페너에게 [경건한 소원들Pia Desideria]의 두 번째 부록을 써주기도 했다.

그리고 슈페너는 슈트라스부르크에 입학해서는 루터파 정통주의 설교가이자 조직신학·윤리학·변증학을 가르친 단하우어J. C. Dannhauer의 영향을 크게 받았다.

◎ 슈페너, 설교 외에 청소년·아동교육에 큰 관심

슈페너는 슈트라스부르크 설교자로 3년간 봉직했고 프랑크푸르트 바퓌서 교회 목사로 시무했다.

슈페너가 프랑크푸르트에서 짧은 세월 안에 이루었던 중차대한 영향은 무엇보다 그의 설교와 교리문답 교육에서 비롯되었다.

설교 외에도 슈페너는 청소년과 아동 양육과 종교교육에 관심을 가지기도 했다. 5년간 드레스덴에서 궁정 수석 목사로 시무했고, 마지막으로 베를린 성 니콜라이 교회에서 목회했다. 1705년 베를린에서 소천할 때까지 42년간 쉬지 않고 목회 사역을 한 셈이다.

슈페너는 소그룹 모임을 시작했는데(이는 가톨릭의 고해성사를 대체하기 위한 것이었다), 이 소그룹의 신학적 의미는 '만인 제사

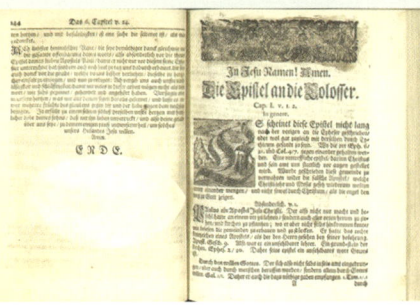  

필립 야곱 슈페너의 대표작 [경건한 소원들] 외형 및 내부

장 주의'의 밑바탕 위에 이루어졌다.

그는 프랑크푸르트 암 마인에서 목사들의 대표, 드레스덴에서 궁정 수석 목사, 베를린 성 니콜라이에서 감독교구장이라는 세 가지 직무를 수행하면서 자신의 이상을 펼쳤다.

슈페너의 대표적인 저작 [경건한 소원들]은 그의 개혁적 성향을 거침없이 표현한 역작으로, 후대 경건주의에 지대한 영향을 미치게 된다.

이 책의 부제 '경건주의 개혁 프로그램'에서 알 수 있듯, 그는 진정한 복음주의 교회로 하나님 마음에 합당하게 개혁하려는 열망을 지니고 있었다.

이 책의 생성 배경은 구 프로테스탄트 정통이 기력을 다하고 반종교개혁 운동이 득세할 때이다. 올바른 가르침은 아무런 강요 없이도 복음에서 나오는 올바른 삶으로 이끌어진다는 생각에서 슈페너는 이 책을 썼다.

필립 야곱 슈페너 기념 우표

이 책은 경건주의가 강조한 모든 내용을 다루고 있어 '경건주의의 방향 제시서'라고 불렸고 루터의 95개 조항에 비교될 정도의 영향력을 가지고 있었다.

슈페너가 어린 시절 다녔던 리보빌레의 한 학교 입구

이 책은 서문과 또 3부로 구성된 본론으로 이루어져 있는데, 본론 중 제1부는 교회 타락의 원인을 다루고 제2부는 교회 개혁의 가능성을 다룬다.

제3부는 교회 내 올바른 상태회복을 위한 6가지 개혁안을 제시한다. 그는 복음의 성령에서 나오는 치료는 믿음에 의해 행해지며, 이것 없이는 "머릿속의 죽은 신앙"일 뿐이라고 주장했다.

슈페너가 [경건한 소원들]에서 제시한 제안들은 단순하면서 매우 직선적이었는데, 그 내용은 다음과 같다.

- 가정생활과 전통적인 설교를 벗어난 성경의 폭넓은 활용
- 루터가 가르친 '영적인 제사장직'의 확립과 시행
- 사랑의 실천과 선행의 종교로서의 기독교 강조
- 종교적 논쟁보다 경건을 지향하되 논쟁 시에는 기도와 온유한 정신의 필요성 강조
- 성경·경건 서적·집회를 통한 목회자들의 경건 훈련 강조
- 경건성과 거룩한 삶을 지향하는 설교 강조

◎ 슈페너의 삶, 실천적 그리스도인의 표상 구현

중재적 통합적이되 배타적이 아닌 슈페너의 신학과 삶의 태도는 후대에 큰 영감을 주었다. 그래서 교리와 삶의 관계는 이제부터 이론적인 요구에 머무는 것이 아니라 실천적인 그리스도인의 삶의 이상으로서 받아들이게 되었다.

슈페너는 평신도들의 역할을 성직자에 상응할 정도로 높이려고 했고, 이에 따른 지역교회의 구조적 변화를 요구했다. 가톨릭에서 내려오는 고해(告解) 제도를 '소그룹 집회'로 대체하려고 했다.

이는 만인 제사장, 즉 모든 신자의 영적인 제사장직을 기초로 하고 있는데 이러한 발상 전환은 새롭게 다듬어진, 새로운 생명을

슈페너와 인연이 깊은 프랑크푸르트의 한 게스트하우스 외관

필립 야콥 슈페너 연구 책자의 표지

불어넣을 수 있었다.

"너희는 택하신 족속이요 왕 같은 제사장들이요 거룩한 나라요 그의 소유된 백성(벧전 2:9)"이라는 말씀처럼, 하나님이 허락하신 만인 제사장 의식을 평신도들이 지녀야 한다고 강조했다.

영적 제사장직을 독점한 로마 가톨릭 교권주의는 평신도의 권한을 앗아갔고, 그 결과 평신도들은 영적 제사장의 의식이 없어져 태만하고 무지하고 무질서한 생활을 하게 되었다는 것이다.

그래서 그가 주창한 '작은 교회 구조', '경건한 모임'도 이러한 맥락에서 이해할 수 있다. 그는 이러한 제사장직을 실제로 적용하기 위해 교회 안에 장로회 구성을 제안하기도 했다.

독일 경건주의 2세대 대표주자
프랑케(August Hermann Francke 1663~1727)

아우구스트 헤르만 프랑케의 초상화

초기 경건주의 운동이 교회중심이면서 세속적인 구조와 계층에 자극을 주어 새로운 공동체를 구성하려는 시도가 있었는데, 그 대표적인 사람이 아우구스트 헤르만 프랑케August Hermann Francke이다.

슈페너가 독일 경건주의의 제1세대라면 프랑케는 제2세대라 볼 수 있다.

그는 목회자이자 할레 대학 교수였으며, 할레 대학을 경건주의의 중심으로 만들었다. 그는 사회사업에 기독 정신을 접목하려 했고 수많은 자선단체도 만들었다. 프랑케는 슈페너의 실질적 후계자로서 독일 경건주의 운동을 복지·교육 등의 영역으로 확대 발전시켰다.

1663년 뤼벡에서 태어난 프랑케는 어릴 때부터 신앙교육을 철저히 받았다. 신학 공부에 전념할 수 있었기에 경건 생활을 철저히 체득했다. 7세 때 부친이 세상을 떠났으나 공부는 계속할 수 있었다. 13세 때 고타 김나지움에 입학, 1679년 에어푸르트 대학에 입학, 이후 킬 대학에서 신학·철학 등을 공부했다.

아우구스트 헤르만 프랑케 기념 우표

하지만 그는 마음으로 신앙하지 않고 지식을 쌓기 위해 신학을 했다는 것을 깨닫게 되며 1684년 라이프치히 대학에 가서 공부를 계속했다. 슈페너가 드레스덴의 수석 궁정 목사로 오면서 프랑케는 슈페너를 만나게 된다. 슈페너는 프랑케에게 성서를 연구 차원이 아니라 신앙의 각성을 위해 읽어야 한다고 조언한다.

이후 프랑케는 뤼네부르크로 가서 당시 뛰어난 성서 해석자이며 교구 감독이었던 카스파 헤르만 잔트하겐Caspar Hermann Sandhagen의 지도를 받으며 공부를 계속했고 그곳의 교회 설교를 준비하며 회심을 하게 된다. 그의 회심 내용은 이런 것이었다.

"내가 이것을 철저히 100%로 믿지 못하면서 교인들에게 무슨 설교를 한다는 말인가?"

자신도 제대로 믿지 못하는 것을 설교하는 게 말이 안 되고 지식이 중요한 게 아니고 신앙의 체험이 중요하다는 것이었다. 무엇

경건의 후예들 31

보다도 이웃에 대한 봉사가 자신의 학문적 성과보다 더 중요하다는 것을 깊이 체험한다.

◎ 슈페너, '하나님의 만유 주권 사상' 표방 · 전파에 혼신을 다함

회심 체험 후 1689년 라이프치히 대학과 에어푸르트 대학에서도 강의했는데, 라치프치히 대학에서 정통주의자들과 갈등에 휩싸이면서 면직 당하고 만다.

그후 슈페너의 추천으로 할레 대학에서 헬라어와 근동(近東)어학 교수로 강의하게 된다.

할레 대학에서는 라이프니츠·볼프 등의 계몽주의자들과 프랑케 사이에 충돌이 있었다. 계몽주의자들의 이성과 합리성을 바탕으로 한 신학과, 프랑케의 계시·체험 중심의 신앙이 직접 충돌한다.

당시 라이프니츠와 볼프는 모든 인간이 순수한 지성을 통해 신을 인식할 수 있다고 여겼던 반면 프랑케는 인간의 죄성(罪性)으로 인해 신을 인식할 수 없다고 보았다. 또 그는 독일 경건주의를 사회복지 차원에까지 발전시켜 반석 위에 놓았던 사람이다. 프랑케는 세상 도피적 공동체보다는 자신들 주위 일상생활의 상황을 중시하고 교회와 사회를 새롭게 하는 종교적 실천을 강조해 그 결과 할레에 고아원을 설립하게 된다.

프랑케는 또한 소그룹 모임을 성경공부 모임으로 발전시킨 사람으로 모두가 성경해석자라는 전제로 성경 교사의 역할을 강조했다.

아우구스트 헤르만 프랑케가 설립한 고아원 관련 일러스트

　교육을 중시했던 그는 할레 대학에서 하나님의 만유 주권 사상을 표방하고 전파하려고 했다. 그가 추구한 교육·영성·복지의 정신은 당시 프로이센의 빌헬름 1세에 감동을 주어 수많은 고아원·양로원 등의 사회복지시설 증설을 견인했다. 프랑케는 성령의 조명을 강조했고, 경건주의 개혁 정신을 사회복지 차원에까지 끌어올리려고 시도한 사람이었다. 프랑케는 선교사역에도 큰 업적을 남겼는데, 유럽 밖 해외 선교에 첫발을 내디뎠다.

　프랑케의 경건주의 사상은 [니고데모]라는 저술에서 잘 드러난다.

　예를 들어 제5장에서 그는 다음과 같이 기술한다.

　"그리스도 안에서 바보가

아우구스트 헤르만 프랑케 유치원의 어린이들

경건의 후예들　33

독일 중부 헤센주 기센의 아우구스트 헤르만 프랑케 학교 전경

되는 것은 수치가 아니고 영광 중 영광이다. 우리가 회심하여 주님의 참된 제자가 되려면 세상과는 벗할 수 없다. 우리는 세상을 두려워한다면 평생 위선자로 살 수밖에 없다. 모든 그리스도인은 어떤 신분으로 살든지 영적 제사장이 되어야 한다."

이처럼 프랑케는 슈페너의 실질적 후계자로서 독일 경건주의를 이어갔으며, 이 경건주의 운동을 복지·교육 등의 영역에까지 발전시켰다.

프랑케 경건주의의 주안점을 말하자면 다음과 같다.

- 회심의 체험이 중요하다.
- 기독교적인 양육, 특히 훈련·규율·생활규칙 측면이 강조되어야 한다.
- 이웃과 곤궁한 사람들에 대한 선행이 중요하다.

아우구스트 헤르만 프랑케의 조각상과 동상

아우구스트 헤르만 프랑케의 조각상과 동상

경건주의 꽃피운 '제3세대 경건주의자'
친첸도르프(Nikolas Ludwig von Zinzendorf 1700~1760)

니콜라스 루트비히 폰 친첸도르프의 흉상

독일의 '제3세대 경건주의자'라 할 수 있는 니콜라스 루트비히 폰 친첸도르프Nikolas Ludwig von Zinzendorf는 공동체 운영과 선교 등으로 경건주의를 꽃피운 사람이다.

친첸도르프가 경건주의의 한 종파인 헤른후트파를 일으킨 작센주의 헤른후트 옛 마을 전경

친첸도르프는 독일 경건주의가 한창 무르익을 즈음인 1700년 독일 드레스덴에서 귀족의 신분으로 태어났다.

네 살 때 어머니가 재혼하는 바람에 혼자 살고 있던 외할머니 헨리에테 카타리나 폰 게어스도르프의 손에서 자라게 되는데, 그녀는 손자에게 존경과 순종, 극기와 겸허, 진리에 대한 사랑과 정직을 가르쳤다. 그의 외할머니가 친첸도르프의 신앙적 기초와 심성에 기초를 놓았다 할 수 있다.

철저한 루터교도인 친첸도르프는 비텐베르크와 할레에서 공부를 했는데, 무엇보다 그는 할레의 프랑케에게서 경건주의를 접하고 기독교의 본질을 이해하게 된다. 이후 그는 튀빙엔 대학에서 학위를 받았다.

원래 귀족이었던 친첸도르프는 초기 종교개혁자 얀 후스Johannes Huss의 신앙을 계승하는 후스파의 거처를 위해 자기 재산을 다 팔아 헤른후트Herrnhut 공동체를 만들었다.

니콜라스 루트비히 폰 친첸도르프 기념 우표

헤른후트는 친첸도르프가 "공동체 없는 기독교는 인정하지 않는다"라는 그 유명한 선언에 기초해 개인적인 신앙을 공동체로 확대해야 한다는 인식에서 만들어졌다.

◎ 친첸도르프 신앙 모델, 경건주의 루터교도 '슈페너'

친첸도르프는 1727년 8월 13일 모라비아 교회를 세웠는데, 이들의 경건주의를 '모라비안 처치'라고 불렀다. 모라비아 전통들은 무엇보다도 평신도 직무와 교회 권징(勸懲)에 있었다.

모라비아Moravia는 보헤미아의 한 지역으로 종교개혁 이전에는 이곳에 순교자 후스의 신앙을 지키며 살아온 기독교인들이 살았다.

역사적으로 볼 때 원래 이 지역은 그리스 교회에 속해있었으나, 9세기에 그리스의 두 수도사 메토디오스Methodius와 치릴로Cyrillus에 의해 불가리아와 모라비아의 왕은 크리스천으로 개종하면서 신앙을 받아들였다.

메토디오스는 첫 주교가 되었고 키릴은 성서를 슬라브어로 번역하기도 했다.

러시아의 블라지미르 대공이 러시아 정교회를 받아들이자 치릴로와 메토디오스 형제(러시아어로는 끼릴와 메포지 형제)는 러시아로 건너가 러시아에 정교를 보급했다.

특히 끼릴은 러시아어 문자를 만들었는데 러시아어 문자를 '끼릴자'라고 하는 이유가 이 때문이다. 이들은 문자뿐 아니라 러시아어 문법체계를 세워주고 기독교 신앙 서적과 성서를 러시아어로 번역했다. 오늘날로 말하면 성경 번역 선교사의 역할을 한 셈이다.

그 후 모라비아 지역 성도들은 로마 가톨릭에 속했으나 종교개혁 시기 동안 개혁자들의 신조를 수용했다.

1621년에 교황청의 심한 박해로 많은 사람이 다시 로마 가톨릭으로 개종했고, 개혁적 신앙을 지키려 했던 개신교 신도들은 여타 지역, 즉 영국이나 독일의 작센주, 브란덴부르크로 이주했다.

이들 중 일부는 '크리스티안 다비드Christian David'의 신조를 지닌 자들로, 1722년 모라비아에서 루사티아(독일 동부와 폴란드 서남부에 걸친, 엘베 강과 오더 강 사이의 지방) 위쪽 지역으로 이주했다. 여기에서 그들은 친첸도르프의 보호를 받으며 헤른후트 공동체를 만들어 신앙을 지키게 된다.

그의 신앙 모델은 경건주의 루터교도인 슈페너였다. 그는 영적인 삶을 강조하는 모라비아 이주민에 관심을 가졌다.

모라비언과 독일계 이주민들은 기독교인으로서의 덕성을 그렇게 조용히 길러갔다. 종교 박해를 피해 떠나온 많은 피난민이 헤른후트로 몰려들었고, 여기엔 루터교도, 칼빈교도, 보헤미아 형제교도, 심지어 소시언(유니테리언) 교도들도 있어 복잡한 구성 단체를 이루고 있었다.

◎ 친첸도르프, 성령으로 가슴에 선사하는 은총 강조

친첸도르프는 탁월한 리더십으로 이들 신앙요구를 수렴하여 평화와 조화를 이루어 나갔고, 자신은 아우구스부르크 신앙고백을 하는 루터교도로 계속 남아있었다.

친첸도르프는 새로운 종파를 만들려고 하지는 않았고, 다만 여전히 잘못된 길을 가고 있는 부패한 가톨릭교회에 개혁을 요구했다. 그는 다 식어서 낡은 정통 교리에서 벗어나, 경건한 공동체를 만들려고 했다. 즉 '교회 안의 교회ecclesia in ecclesia'를 시도했다.

이 모라비아주의는 엄청난 선교 열정으로 향후 100년 동안 전 세계 복음 선교에 심혈을 기울인다. 헤른후트는 케리보다 60년 앞선, 선교의 원조라 볼 수 있다.

이들의 선교 방법은 거의 대부분이 자비량이고 하층민을 전도하기 위해 본인 스스로 노예가 되는 것을 마다하지 않았다. 18세

니콜라스 루트비히 폰 친첸도르프가 설립한 모라비안 컬리지 캠퍼스 전경

기인데도 200명 넘는 선교사 파송이라는 대기록을 남기게 된다. 친첸도르프, 모라비아주의, 디아스포라 사역·선교는 떼려야 뗄 수 없는 이들의 기본 정신이다.

존 웨슬리와 관련한 유명한 일화가 하나 있다.

1735년 웨슬리가 선교사로 미국 조지아주에 파송되었다가 이렇다 할 성과 없이 귀국하는 중 풍랑을 만나게 된다. 거친 풍랑도 아랑곳하지 않고 태연하게 모임을 계속하고 있는 모라비안 교도들을 보고 그는 충격을 받는다.

당시 227명의 인원이 배 두 대에 나눠 타고 가고 있었는데, 그중 27명이 모라비안이었다. 거친 풍랑이 갑판을 삼키고 거의 배가 전복될 상황이었는데도 모라비안들은 조용히 찬송가를 불렀다.

그런 광경을 지켜본 웨슬리가 놀라서 "두렵지 않냐?"라고 묻자 그들은 "아닙니다. 나는 하나님께 감사합니다"라고 응답했다. 아이들과 부녀자들도 전혀 두렵지 않다고 하는 말에 충격을 받는다. 이 체험을 한 후 웨슬리는 이듬해 독일로 건너가 그곳에서 그들과 함께 경건 훈련을 수행하기도 했다. 선교사인 웨슬리가 모라비안 교인들의 수준 높은 신앙에 감동한 것이었다.

친첸도르프는 당시 유행하던 계몽주의가 내세운 이성 중심의 인식을 거부했고 하나님의 성령으로 가슴에 내려주시는 은총을 강조했다.

친첸도르프의 종교사적 업적이라면, 무엇보다 '주님에 대한 개인적 사랑'을 강조하면서 '종교적 개인성'을 인식하고, '교회의 하나 됨을 유지하려고 시도한 것'을 들 수 있다.

그는 원래 법률가였지 신학자는 아니었지만, 늦게 목사 안수를 받고 목사가 되어 설교하게 된다.

가슴에 선사하는 성령의 은총을 강조한 니콜라스 루트비히 폰 친첸도르프

◎ 친첸도르프, '초(超) 교파' 지향 교회론 주장

전체적으로 볼 때 친첸도르프의 신학에는 예수 그리스도가 중심에 서 있다. 즉 그리스도를 이념으로서가 아니라 십자가에서 고난받으시고 죽으신 하나님의 아들로 이해한 것이다.

그다음으로 중요한 것은 '초(超) 교파'를 지향하는 그의 교회론이다.

그는 부단히 성결한 삶을 위해 행동하는 실천적 기독교를 강조하게 된다. 그는 교리가 체계화되고 교리화 되는 것을 거부했다. 그는 교회란 세밀하게 짜진 공동체(작은 무리)라고 생각했기 때문에 제도적인 측면보다는 살아있는 유기체적 본질을 강조했다.

친첸도르프의 신학은 한마디로 '가슴의 신학Herz-Theologie'이라 부를 수 있다.

루터가 '숨어 계신 하나님'을 강조했다면, 그는 '깊은 하나님'을 강조하면서, 측량할 수 없는 하나님에 대한 신비주의적 사색의 필요성을 역설했다. 그의 신학은 루터의 십자가 신학을 새롭게 했다.

친첸도르프는 어린이 사역에도 힘을 쏟았는데, 1727년 8월 13일 어린이의 가치를 중시하고 '아동 각성 운동'을 일으키게 된다.

니콜라스 루트비히 폰 친첸도르프 평전

헤른후트의 니콜라스 루트비히 폰 친첸도르프 기념관 표식

헤른후트 공동체는 1727년 8월 31일 '주의 만찬' 의식에서 사도행전에 나오는 오순절 성령체험을 하게 된다.

모라비아 교회는 이 각성을 줄곧 '연합형제단의 갱신된 교회'의 탄생일로 기념해 왔다. 친첸도르프가 중심이 된 헤른후트 공동체는 1740년경에는 독일 형제교회의 전성기로 귀결된다.

헤른후트의 디아스포라 정신은 후대 선교에 큰 영향을 주었다. 그 이후 수십 년 동안 부흥운동, 선교학교 설립, 그리고 우리에게 친숙한 성서 공회 설립의 모체가 되었다.

그리고 지금도 이 공동체는 헤른후트라는 드레스덴 근처의 지명으로 자리 잡아, 많은 기독교 단체들이 순방하는 유명한 공동체로 자리 잡고 있다.

무엇보다 자신들의 단체 YMAM Herrnhut 소식지 [The Water Castle]과 많은 독일 기독교인들이(루터교도들도 포함) 매일 읽는 [일일말씀die Losungen]을 펴내고 있다.

경건의 후예들

친첸도르프는 루터처럼 문학적 소양을 갖추었다. 그의 시는 지금도 독일 찬송가집에 수록되어 많이 불리고 있다. 1994년 [독일 개신교 찬송가 EKG] 개편 작업 때 그동안 수록된 많은 찬송가가 바뀌었지만 친첸도르프의 찬송 가사 중 많은 곡이 유지되었다.

그러한 결과는 책임자 크리스티안 그레고르Christian Gregor의 역할이 컸다. 찬송가에 실린 시 가운데 가장 잘 알려진 것은 '마음과 마음이 함께 모여서'인데 그 가사는 다음과 같다.

마음과 마음이 함께 모아
주님 품에서 안식을 찾네
너희 사랑의 불길이
주님을 향해 불타올라라
그는 머리시요, 우리는 그의 지체
그는 빛이시요, 우리는 그의 비침
그는 주인이시요, 우리는 그의 형제
그는 우리의 것이요, 우리는 그의 것이라네

아, 오라
그대 은혜의 자녀들이여
그대들의 언약을 새롭게 하고
승리하신 자에게

사랑과 충성의 마음으로 맹세하라
당신들의 사랑 사슬이
견고치 못하고 연약하다면
우리 주님이 그것을 다시 단련시킬 때까지
간절히 바라야 할 것이라

오, 지체들이여
그렇게 변함없는 사랑에 의지하시오.
자기 형제를 위해 목숨도 아끼지 않는
그분
우리를 친구처럼 사랑해 준
그분
그렇게 그는 피까지 다 쏟으셨으니
당신 스스로가 어려워하고만 있다면
그가 얼마나 맘 아파하실까

   이 찬송가 가사는 요한일서 3장 16절 "그가 우리를 위하여 목숨을 버리셨으니 우리가 이로써 사랑을 알고 우리도 형제를 위하여 목숨을 버리는 것이 마땅하니라"는 성경 내용을 토대로 친첸도르프가 개작한 것이다.
   슈라더Schrader는 이 시가 실험적이고 무정부적인 혁신성을 지니고 있고 선구적인 시 형식을 갖추고 있다고 평가하고 있다.

즉 친첸도르프는 그리스도의 사랑이 우리의 형제 사랑으로 확대되어야 함을 이 시를 통해 강조하면서, 그리스도의 피와 상처 등의 심리적인 부분까지 다루며, 시 형식에 있어서 자유로운 언어 구사를 하고 있다.

친첸도르프는 독일 경건주의 운동의 꽃을 피운 사람이었다. 비록 기존 종교전통에 완전히 일치하지는 않았지만, 초교파적 형제 사랑의 통합을 통해 교회분열을 극복하려 했다.

이것은 오히려 복음을 향한 경건에의 열정에서 비롯된 것이라 할 수 있다.

교육을 통한 경건주의 운동 전개에 심혈
벵엘(Johann Albrecht Bengel 1687~1752)

요한 알브레히트 벵엘 초상화

요한 알브레히트 벵엘Johann Albrecht Bengel의 경건주의는 사회 개혁적 성격이 강한 프랑케의 할레 경건주의와는 사뭇 달리 뷔르템베르크 지역의 특성답게 사변적 특징을 보여준다. 벵엘은 당시 거대하게 엄습해 오던 계몽주의 물결에 당당히 맞서 교회를 성령의 힘으로, 또 살아있는 성경의 경건성으로 무장하려고 했던 사람이었다.

벵엘은 성경연구가이며 선지자적 시각을 지닌 문헌학 연구의 대가이자 설교자이자 교회 지도자였다. 공동체를 통한 경건주의

요한 알브레히트 벵엘 기념 우표

운동이 친첸도르프를 통해 이루어졌다면 교육을 통한 경건주의 운동은 벵엘로부터 시작되었다고 할 수 있다.

벵엘은 1687년 비넨덴에서 출생했고 1699년부터 1703년까지 슈투트가르트에 있는 김나지움에 다녔다. 6세 때 벵엘은 비넨덴 부목사로 재직했던 아버지를 여의었고, 그가 김나지움 졸업할 즈음 그의 어머니는 마울브론 수도원 관리인과 결혼한다.

벵엘은 1707년까지 튀빙엔 대학교에 다니다 튀빙엔 종교재단에 1년 직 수습 목사로 봉직한다. 1713년 뎅켄도르프Denkendorf Kloster 수도원 학교 교사가 된다. 그는 이 수도원 학교 교사직을 무척이나 중요하게 생각해서 기센 대학, 튀빙엔 대학이 제안한 교수직을 단호히 거절한다.

이는 그가 학문적 명성보다 교육자로서의 사명을 얼마나 중요하게 생각하는가를 보여주는 사례이다. 그러면서 몇 달 동안 견습 차원에서 독일을 여행한다. 1713년 할레에 3개월 머물며 그곳에서 프랑케와 경건주의를 접하게 되면서 많은 자극을 받게 된다.

벵엘은 1714년 수잔네와 결혼하여 12명의 아이를 낳게 되나 그 중 6명은 일찍이 죽는다. 4명의 딸은 모두 아버지의 제자와 결혼한다. 1741년 헤어브레히팅엔 등지에서 교구장으로 봉직했다.

12세 당시 그는 이미 기독인의 지침서가 되었던 요한 아른트의 [진정한 기독교]를 읽었는데 해박한 고전어 지식을 바탕으로 신약성서 한 구절 한 구절을 원어로 분석하며 읽었다. 드디어 1742년 그는 대표 저서 [그노몬Gnomon](그노몬은 해시계 바늘이라는 뜻)을 펴내고 신약성서를 해석했다. 1751년 튀빙엔 대학 신학 박사가 되었고 이듬해인 1752년에 소천했다.

◎ 남다른 인격, 영적 큰 영향력의 '리틀 지저스' 벵엘

무엇보다 벵엘은 인격이 출중한 사람이었다. 그의 제자 프라티히의 말을 빌리자면 교육에서 가장 중요한 것은 인간을 사랑하는 마음인데, 그는 이것을 스승 벵엘에게서 배울 수 있었다. 벵엘은 예수님처럼 말없이 그의 존재만으로도 영적 영향력을 끼쳤던 인물이었다.

벵엘은 어릴 때부터 기도하는 사람이었다. 그러한 정신은 자신의 선조에게서 축복의 유산으로 물려받은 것이다.

벵엘은 "하나님 말씀이 심령을 사로잡을 때만 그 말씀이 기도로 움직이게 된다"라고 말했다. 특히 선대들의 교육으로 하나님 말씀이 심중에 새겨진 그는 하나님을 향한 영성이 풍부한 아이로 성장했다.

후에 벵엘은 "나의 가장 위대한 스승은 하나님 자신이다"라고

 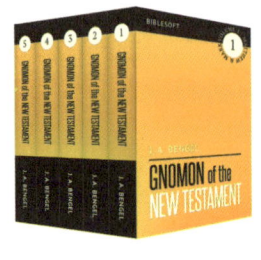

벵엘의 역작 [그노몬] 영문 번역본

말할 정도였다. 더 나아가 그는 "어릴 때부터 하나님 말씀을 듣고 읽고 배우면서 그 힘이 내 가슴 속에 밀려 들어왔고, 더욱 나은 삶, 성경 말씀에 만족하고, 양심을 지키면서, 악을 미워하고 선을 사랑하는 마음이 생겨났다. 나의 청년기는 긍휼함의 바다였다"라고 소회를 밝히고 있다.

벵엘은 성경을 읽으면서 의구심을 품을 때도 물론 있었지만, 이런 의심을 더욱 기도로 나아가게 만들었다. 그는 신학 공부 3년차 때 병이 들어 죽기 직전까지 갔으나 "내가 죽지 않고 살아서 주님의 업적을 선포하리로다"라는 시편 118:17 말씀으로 건강을 회복했다.

뎅켄도르프 수도원 학교 교사로 일할 때 그는 독일 전역을 여행했는데, 그에게 가장 인상적이었던 도시는 할레였다.

그곳에서 그는 프랑케가 안톤, 브라이트하웁트를 공동체 형제로 여기면서 서로 중보기도하는 것을 보고 성령의 연합공동체를 인식하게 되었다.

그때까지만 해도 그는 자기 자신의 신앙만을 생각했으나 이제는 다른 형제들과 연합이 중요하고 이 작은 연합체의 친구가 진

요한 알브레히트 벵엘이 교사로 일한 뎅켄도르프 수도원 학교 전경

정한 그리스도의 지체라는 것을 느낀다. 아울러 그는 슈페너의 주일 설교를 통해, 가정에서 경건성 교육과 지속적 성경 읽기가 이루어지지 않으면 하나님의 말씀 선포가 너무나 빈약해진다는 것을 간파하게 되었다. 즉 설교보다는 삶의 성화가 먼저 이루어져야 한다는 것이었다.

벵엘은 뎅켄도르프 수도원 학생들을 가르치던 때를 그의 삶에 있어 최고의 시절로 꼽았다. 하나님 말씀에서 나오는 교육적 혜안을 가지고서 이후 등장하는 프라티히, 외팅어 같은 신실한 제자들을 배출했다.

경건의 후예들 55

◎ 벵엘 "청소년 교육만큼 더 귀한 봉사는 없다"

그는 청소년 교육만큼 더 의미 있고 멋있는 봉사직은 없다고 생각했다. 하나님 말씀의 힘이 그의 심령을 적시고, 그분의 조용하고 정돈된 희열이 그를 채웠다. 자석같이 끌어들이는 예수의 힘이 그를 통해 젊은이들의 가슴 속에 영향을 끼쳤다.

벵엘의 주교재는 하나님 말씀인 성경이었고 제자들에게도 이 하나님 말씀 때문에 큰 경외심을 갖도록 했다.

토요일 저녁 기도 시간마다 그는 "정신 집중!"이라고 하고, 아이들에게 하나님 말씀을 가르치면 특별한 어떤 인상을 주기 위해 실제 사례를 들어 시작하라고 충고한다. 사례를 활용한 가르침은 주입식이 아니라 재미를 느끼게 한다고 여겼다. 또 지나친 설명보다는 단순하고 명확하게 가르치는 것이 좋다고 말한다.

벵엘은 2년에 한 번은 신약성서를 헬라어로 읽었고 학생들에게 고전어와 신약학을 강의하면서 원문 연구를 하게 했다. 그 결과물로 20년 이상의 작업 노력이 투입된 대표작 [그노몬]을 1742년에 펴내게 된다. 이 책은 일종의 성경 지침서로서, 하나님 말씀을 자기 자신의 말로 대체하는 것이 아니라, 하나님 말씀은 그 말씀으로 온전히 받아들여야 한다는 것이고, "너 자신을 철저하게 성경 본문에 적용하고, 그 본문을 전적으로 너에게도 적용하라"는 원칙을 기본 방향으로 제시했다.

그리고 벵엘은 성서를 '통일적 유기체'로 보았다. 성서는 격언

벵엘이 교사로 일한 뎅켄도르프 수도원 전경

집처럼 많은 내용이 필요하지만, 서로 연결된 하나의 구조라는 것이다.

창세기부터 요한계시록까지는 하나의 영, 즉 성령이 허락했고 신자가 연주할 하나의 악기라는 것이다.

성경 한 부분 부분이 성령이 허락한 전체의 한 부분이며 영원하다. 또 구약 전체는 신약의 전제가 되며, 이 모든 것이 그리스도인들이 받아야 할 은혜와 치유인 것이다.

그는 성서에 대한 인식이 이성적이어서는 안 되고 영적이어야 한다고 인식했다. 그래서 하나님 말씀에 늘 겸손하고 순종하는 자세가 필요한데, 성서는 바로 진리를 증명하는 것이기 때문이다.

경건의 후예들 57

태양이라는 실체는 태양을 통해서만 볼 수 있듯이, 소경이 태양을 보지 못한다 해서 태양 대신 횃불로 보게 할 수는 없다는 것이다. 그는 또 성서에 무엇을 끌어들이게 해서는 안 되고, 성서에서 모든 것을 끄집어내야 한다고 말한다.

[그노몬] 결론 부분에서 그는 "오, 하나님 당신의 판결에 맡깁니다. 나와 이 책의 독자들을 불쌍히 여기소서. 당신의 영광만이 영원합니다"라고 했다.

이 책이 얼마나 영감이 있었는지 감리교 창시자 존 웨슬리는 1755년에 이 책을 영어로 번역할 때 "기독 세계의 큰 빛"이라 극찬했다.

◎ "믿음은 은총의 말씀에서 비롯되는 심령의 삶"

성경 내용과의 확실한 소통, 학생들과 인격적 소통으로서의 교육, 이것이 진정한 신학교육이라 생각했다. 또 항상 남에게 도움 베푸는 그의 삶은 '은총 입은 영혼 보호자'가 되었다. 설교에서 그는 "설교자는 축복의 길을 분명히 알려주고 축복으로 가는 길을 제시해주어야 한다"고 말했다. 그는 "믿음이란 은총의 말씀에서 비롯되는 심령의 삶이다"라고 하면서 다음과 같이 강조했다.

"한 기독교인이란 기독 정신에 의해 은혜로운 하나님이 그 마음을 얻은 자이고, 믿음은 학습되고 훈련되고 강화되어야 한다. 물론 영적 작용은 자기 노력 없이 초자연적으로 일어나지만, 말하기, 쓰기, 걷기가 학습을 통해 강화되는 것처럼, 믿음도 마찬가지이다. 모든 것은 하나님의 의지와 우리의 감각이 조화를 이룬다. 선한 일이란 하나님과 그리스도 안에서 하나된 한 인간이 신의 질서 속에서 행하는 것이다."

살아남은 그의 자녀 6명 중 딸 4명은 모두 벵엘의 제자와 결혼했다. 둘째 아들 에른스트Ernst는 튀빙엔의 교구 목사가 되었고, 첫째 아들 빅토르Viktor는 튀빙엔에서 의학 공부를 했다. 아버지 벵엘의 기도가 담긴 편지가 빅토르를 다시 하나님께 돌아오게 했다.

벵엘은 65세까지 건강히 살다가 65세 생일 때 갑자기 아프기 시작했다. 죽을 때 새벽 1~2시경 사위 부르크Burk를 불러 "예수여, 당신께 의지하여 나는 죽나이다"라고 말하고는 자신의 차가운 손을 심장 위에 얹고 소천했다.

제자 외팅어는 "스승 벵엘은 소신대로 소천하셨다. 성직자처럼 거창하게 죽지 않고 비천하게 생을 마감했다"라고 술회했다.

벵엘은 죽을 때 "내 근본은 믿음이다. 성령의 힘으로 나에게 모든 것이 허락되었다. 나는 영원한 제사장 되시는 그분 곁에 앉는다"라고 말하면서 임종을 맞이한다.

그는 무엇보다 겸손했다.

그는 "나는 빛이 아닙니다. 나는 소멸하는 늙은 무능한 자입니다"라고 하면서, 자신 속에 성경을, 성경 속에 자신을 심화시켰다.

경건의 후예들

제자 외팅어는 "그의 경건은 꾸밈이 없는 것이었다. 철저히 진지하고 단순했다. 창문가에서 하늘을 쳐다보고 몇 번 고개를 끄덕이고 잠자리에 들었다"라고 회상한다.

그에게는 학문과 신앙이 분리된 것이 아니라, 오히려 경건의 삶과 학문은 서로 보완적이어서 지성과 영성이 신앙으로 통합되어 나타났다.

벵엘은 친첸도르프와 더불어, 슈페너와 프랑케 사망 후 약화된 경건주의에 새로운 활력을 불러일으킨 사람이라 볼 수 있다.

벵엘 기념관 내부

영혼 돌보는 벵엘의 수제자
플라티히(Johann Friedrich Flattich 1713~1797)

요한 프리드리히 플라티히Johann Friedrich Flattich는 청빈하고 겸손한 삶을 살았다.

생활 속에서도 낮은 자세를 견지했다. 프라티히의 식사도 단출하고 소박했는데, 주로 밀가루죽만 먹었다. 마을 성주한테 초대받아 가서도 밀가루죽을 옆에 두고 먹을 정도였다.

프라티히는 1713년 10월 3일에 독일 남부 슈투트가르트주의 바이힝겐Beihingen에서 태어났다. 15세 때 부친 요한 빌헬름 프라티히를 여의었고 루드비히스부르크 학교에 다니기 위해 하루 4시간 걸리는 길을 가야 했다.

그 후 그는 뎅켄도르프Denkendorf 수도원에서 벵엘을 사제지간으로 만난다. 헬라어 신약 가르침도 그랬지만 벵엘이 성실한 학생들에게 베푸는 사랑이 그의 마음을 사로잡았다.

영혼을 돌보는 스승 벵엘은 프라티히가 목회와 교육자 사명으로 일할 수 있도록 큰 역할을 했다.

프라티히는 2년 뒤 마울브론 수도원 학교에 다니고 1733년에

요한 프리드리히 프라티히 옆 모습과 친필 메모

튀빙엔으로 옮겼다. 1738년 호헤네크에 있는 삼촌 카프Kapff 목사의 도움으로 수습 과정을 밟고, 1744년 호헨아스페르크에서 목사가 되었다.

◎ 성경 말씀 중시하는 소탈하고 겸허한 삶 솔선수범

그는 목사 미망인의 딸 크리스티아나 마가레테 그로스 Christiana Margarete Groß와 결혼했는데, 그녀는 충직하고 겸손한 사람이었다.

보통 20~30명이 식탁에 앉았는데 그녀는 가계 살림을 모두 책임졌다.

프라티히의 14명의 자녀 중 아들 둘, 딸 4명만 살아남았다. 프라티히는 1747년에 메터치메른으로 돌아왔고, 수입이 적어 더 나은 직업을 찾아 나서기도 했다.

하지만 그때 "잠잠히 그냥 있으라"는 응답을 들었다. 그때까지 그는 그 말이 눈을 좀 더 높이 들라는 것임을 이해하지 못했다.

하지만 그 말씀에 계속 순종하며 살았고, 그러던 중 어느 일요일 칼 대공이 메터치메른 근처로 왔는데, 대공은 그의 설교를 듣고 뮌힝엔 목사 자리를 제공했다. 그곳에서 프라티히는 1760년부터 1797년 83세에 소천하기까지 시무했다. 그는 설교자이면서 영혼을 돌보는 사람으로, 감사함으로 공동체에 봉사했고 제자를 길러내었다.

프라티히는 독특한 크리스천이었다. 그는 다른 사람들에 맞장구를 치는 스타일이 결코 아니었다. 주관이 강해서 다른 사람들의 의견을 묻는 스타일이라기보다, 옳다 싶으면 어떻게든 이를 관철하고야 마는 스타일이었다.

그는 명주 상투 매는 시대에 살았으나, 돈이 많이 든다고 당시 유행을 전혀 따르지 않았다. 또 그는 말이 빨랐다. 천천히 말하기 위해 늘 서두에 습관처럼 "아, 그래, 지금, 있잖아요"라는 방언을 덧붙이며 말했다.

이런 일화가 있다.

프라티히가 슈투트가르트에 있는 게오르기Georgi 의장을 만나러 갈 때의 일이다. 슈투트가르트의 한 친척은 그에게 새 옷을 입고 가라고 하고, 딸은 새 옷 살 돈 30굴덴을 그에게 주었다.

길 가는 중 한 여인의 울부짖는 소리를 들은 그가 그 이유를 물으니, 남편이 술주정뱅이인데 빚을 갚기 위해 암소 한 마리를 가져가려고 한다는 거였다. 빚이 얼마냐고 물으니 30굴덴이라고 했다. 그래서 프라티히는 그 여인에게 30굴덴을 주면서, 하나님께서 도우셨으니 감사하라고 신신당부하면서 남편을 위해 인내하며 기도하라고 말했다.

그는 슈트트가르트에서 8굴덴짜리 옷을 사 입고, 의장의 눈이 옷에 가지 않게 해 달라고 기도하면서 의장에게 나아갔다. 프라티히는 이 모든 일을 의장에게 말했고 의장은 감동했다. 그는 또한 별거 중이었던 의장과 부인이 서로 기쁨으로 다시 결합하도록 도와주었다.

프라티히가 의장에게 자신의 옷이 마음에 걸리느냐고 묻자 의장은 "결코 아닙니다"라고 말하면서 "지금 나는 겸손함을 배웁니다. 하나님은 옷이 아니라 우리의 존재 자체를 인정하십니다"라고 말했다고 한다.

프라티히는 너무나 원색적이어서 다른 것을 섞을 줄을 몰랐다. 이를테면 그가 벵엘의 수도원 학생으로 신약성서를 배울 때, 그것을 텍스트 단어의 정교함과 독창적인 하나님 진리 말씀을 읽어내는 작업이었다. 그런데 그는 오직 성서에만 입각했고 모든 것들보다 성서에 우위를 두었다.

프라티히는 말씀을 통해 사랑과 믿음, 희망을 배웠을 때 이것의 실제 생활 적용이 중요하다고 생각했고, 또 인류를 위한 봉사에 가치를 두게 된다.

벵엘에게서 사랑으로 교육받은 그는 튀빙엔에서도 학생들에게 개인 교습을 했고 나이가 들 때까지도 목사직을 수행하면서 학생들을 가르쳤다.

◎ 프라티히, 노년에 오직 [그노몬]과 성서만 탐독

프라티히는 노년이 되어서는 성서 외에는 아무것도 읽지 않았다. 신약성서 해설서인 스승 벵엘의 저서 [그노몬]은 예외였다. 그

독일 남부 슈투트가르트주 바이힝겐의 요한 프리드리히 프라티히 생가 전경

요한 프리드리히 프라티히가 사무했던 뎅켄도르프 수도원교회 전경

는 오직 성서를 통해 하나님 나라에 이를 수 있다고 배웠다.

프라티히는 무척 겸손한 사람이었다. 학생 때부터 그는 세상의 모든 경박하고 공허한 형태에서 벗어났고, 사람의 마음을 기쁘게 하는 것보다 하나님을 경외했다.

그는 너무나 출중한 외모를 지녀서, 다른 사람이 공허함이나 시험에 빠지지 않도록 일부러 옷을 남루하게 입고 다녔다. 그래서 때로는 걸인으로 오해받기도 했는데, 그는 그것을 나쁘게 받아들이지는 않았다.

하루는 어느 성에서 누군가가 그에게 빵 한 조각을 주려고 하자 "나는 동냥하지 않아요. 누군가가 환영할만한 무엇을 늘 가져다주려고 하지요"라고 말했다.

또 이런 일화가 있다. 어느 날 프라티히가 이웃 마을 목사를 방문하고 집으로 돌아가려는데, 계곡물이 넘쳐흘러 길이 없어졌다.

하염없이 마냥 서 있는데 마침 뮌힝엔 마부가 왔고, 그는 남루한 마차에 병든 거지 한 명을 바이림도르프로 태워 가고 있었다.

프라티히는 그 마부를 부르며 그 마차에 태워달라고 했다. 마차가 너무 작아 태울 수 없다고 말하자 프라티히는 말했다.

"나도 거지예요. 나는 하나님과 사람 앞에 구걸할 것 외에는 가진 게 없답니다. 그래서 하나님께는 불쌍히 여겨달라고, 또 사람들에게는 하나님과 화해하라고 외치고 있지요."

이렇게 말하고는 가벼운 마음으로 수레에 올라타고 뮌힝엔으로 갔다.

뮌힝엔(Muenchingen)에 위치한 프라티히 묘

체험적 신학 주창한 '독일 남방의 마인(魔人)'
외팅어(Friedrich Christoph Oetinger 1702~1782)

프리드리히 크리스토프 외팅어 초상화

프리드리히 크리스토프 외팅어Friedrich Christoph Oetinger는 1702년 괴팅엔Göttingen에서 시 서기의 자녀 11명 중 셋째로 태어났다.

독일 바덴-뷔르템베르크 주에 있는 도시 블라우보이렌 Blaubeuren 수도원 학교에 입학하여 스승 바이센제Weißensee 교수를 만난다. 그리고 1720년에 바덴-뷔르템베르크 주에 있는 전통적인 대학 도시 튀빙엔Tübingen 근교에 자리 잡은 베벤하우젠 Bebenhausen 수도원 학교로 가서 신학 공부를 하고자 결심한다.

그 후 그가 방문한 뵈메 연구소는 진리에 목마른 외팅어에게 큰 힘이 되었지만, 모두가 뵈메에 열광할 때 그는 독립적이었다. 그는 친첸도르프 파도 아니고 카발라 파도 아니었다. 하지만 벵엘은 예외였다. 벵엘은 그에게 큰 영향을 미쳤다.

외팅어는 당시 계몽주의 철학자 라이프니츠·볼프 등이 추구한 라이프니츠·볼프 학파Leibniz-Wolffische Schule의 '단순한 형식적 합리주의'로부터 벗어나 실제 생활로 나아갔다.

성경을 새롭게 보기 위해 탁월한 성경해석자 벵엘에게로 갔다. 1729년부터 1737년까지 일자리를 찾아 나서서 결국 1738년에는 히르자우에서 목사직을 얻는다.

1743년 스승 벵엘과 가까이 있기 원해 슈나이트하임 Schnaitheim에서 목사직을 맡는다. 1746년부터 튀빙엔 근처 발트도르프 공동체에서, 1765년부터는 무르하르트에서 시무하다 1782년에 소천한다.

◎ 삶 가운데 기도의 능력을 체험한 신앙인, 외팅어

외팅어는 어릴 때 감수성이 예민한 아이였고 용모가 평범했다. 구석을 오랫동안 응시하는 스타일이었고 뭐든 하나를 잡으면 철두철미하게 파고드는 성격이었다. 그는 역사와 자연사에 관한 책을 두루 섭렵했다.

14살 때 외팅어는 특이한 체험을 하게 된다. 그때 기독교가 그

70 경건의 후예들

에게 별 탐탁하지 않게 느껴질 때였다.

하루는 아버지가 설교 내용을 다시 쓰게 하고 무릎 꿇고 기도도 하라고 강제로 시켰다. 어느 주일에 외출하는 어머니가 성경을 읽으라고 명령해서, 그는 의자에서 일어나지도 못한 채 제법 많은 양의 성경을 읽어야 했다.

부모님들이 산책 나가서 자기만 집에서 성경을 읽어야 한다는 생각에 외팅어는 처음에 불만을 가졌다.

그러나 외팅어는 곧 자신에게 이렇게 말했다.

"내가 어차피 읽어야 한다면, 그래, 좋다, 내가 읽어야지!"

그는 자기 자신을 극복한 이 체험이 얼마나 값진 것이었는지 모른다고 말했다.

"나는 선지자 이사야를 발견하고는 여기저기를 읽었다. 나는 악했고 하나님의 인도하심을 어린 시절에 등한히 했다고 느꼈기 때문에, 나의 악함을 깊이 받아들이고 하나님께로 다시 돌아가는 이끌림을 받았다.

번개 치는 날이 몹시 두려웠는데, 이 때 나는 열렬히 이사야서 54장 11절~14절을 읽었고 스스로 '이것을 읽는 것이 얼마나 좋은가!'라고 생각했다. 이 아름다운 일을 내가 한다면 이 얼마나 가치 있는 일인가."

외팅어는 또 기도의 능력을 체험하는 신앙인이었다. 어느 날 밤 12시에 그가 게스너Gesner의 자연사 책을 읽고 있었는데 어머니가 죽어간다는 소리를 들었다. 어머니는 대출혈로 인해 침대에 죽은 듯 누워있었다. 그는 놀라 위층 기도방으로 가서 하나님을 부르짖으며 어머니를 살려달라고 외쳤다. 그 이후 어머니는 외팅어가 고함지르며 기도하는 소리를 들었다고 회상했다.

"주님은 그렇게 잔인하신 분이 아니잖아요?"

기도하면서 그는 진리를 인식하는 대로 나아갔고, 기도하면서 자신의 직무가 주는 시험에서 벗어날 수 있었고, 기도하면서 그는 성경을 읽었다.

이처럼 그에게 기도는 하나님께로 돌아가는 하나님 말씀이었다. 그는 "기도는 하나님과 함께 작용하는 힘을 행하는 것"이라고 고백했다.

외팅어는 신학과 물리학에 대한 사고의 지평을 넓혀 나갔다. 말년에 그는 하나님이 내 기도를 들어주시는 것을 느꼈다고 술회했다.

젊었을 때부터 그는 하나님의 말씀 속에서 그의 음성을 들었다.

그는 성서 속에 생명의 이념이 지배한다는 데서 출발한다. 외팅어는 생명이라는 개념이 모든 기독교 교재에 스며들어야 하고 내적 통일체를 제공해야 한다고 역설한다. 그래서 다음과 같이 구분해서 말한다.

① 생명의 근원으로서의 하나님 ② 생명 호흡의 저장소로서의 인간 ③ 하나님과 멀어짐으로서의 죄 ④ 새로운 생명의 전달로서

프리드리히 크리스토프 외팅어가 신학을 공부한, 바덴-뷔르템베르크주의 블라우보이렌(Blaubeuren)의 수도원 학교 전경

의 은총 ⑤ 생명의 정신이 작동하는 단체로서의 교회 ⑥ 생명의 시작과 끝처럼 사물의 마지막 것들 등이다.

'성경에 관한 단상 18가지'라는 글에서 하나님 말씀에 대한 외팅어의 심정을 엿볼 수 있다. 몇 곳만 인용하자면 다음과 같다.

1) 이 세상의 모든 아름다움과 우아함은 창조적 말씀으로 획득되었다. 믿음의 말씀을 통해 우리는 영적인 경건한 탁월성을 얻게 될 뿐 아니라 하나님 자신의 보이지 않는 영원한 아름다움과 미래

의 세계를 그 속에서 발견하고 그곳으로 나아갈 수 있는 것이다.

16) 그리스도 안에서 모든 말씀과 언약은 다 이루어진다. 이런 관점에서 옛 언약의 말씀이 그 빛을 얻게 되고 진정한 형상을 갖게 된다. 하나님의 아들을 믿는 사람은 신약성서는 물론이고 모세서와 선지서에서도 완전한 복음을 읽게 되는 것이다.

18) 말씀을 통해 우리는 거룩해지고 이 세상과 구별되며 새로운 하나님의 존재를 발견하게 된다. 이것은 이 세상 한가운데서 우리에게 새로운 세계와 낙원을 제공해 준다.

◎ 외팅어, 이성주의 극복 '체험적 신학' 지평 활짝 열어

그는 또한 설교의 과제에 대해서도 다음과 같이 말한다.

① 사람들이 머리로 들은 설교 내용이 다시 빠져나가지 않도록 짧게 해야 한다.

② 어려운 학술 용어를 지양해야 하고, 그래서 청중들의 마음과 입에 열매 맺을 수 있는 설교가 되어야 한다.

③ 중심 사상을 풀어낼 수 있도록 각각의 사안에 대해 똑똑히 언급해야 한다.

④ 알찬 설교를 해야 하고, 일어난 사건을 하나하나 설교에 담아내야 한다.

설교의 가장 중요한 임무는 사람들의 습관화된 사고와 삶의 방식에서 벗어나게 해야 한다는 것이다.

외팅어와 연관성이 깊은, 괴팅엔의 시립교회 안에 있는 세례 반(盤)

이상주의자들은 1~2세기 영지주의자들처럼 그리스도가 물과 피와 정신으로 온 것이 아니라, 오직 정신으로부터만 왔다고 했다. 즉 환영이라는 것이다. 이를테면 케린트 Cerinth같은 영지주의자는 십자가에 죽은 분은 그리스도가 아니라 불쌍한 인간이며, 예수가 수난당하기 직전에 수난당하는 인간 예수를 버리고 하나님께로 다시 돌아갔다고 했다.

하지만 외팅어는 이것이 틀렸다고 지적했다. 그는 이상주의·물질주의와는 다른 신념을 가졌다. 그는 "그리스도의 육신이 주님이 가신 마지막 길"이라고 말했다.

나이가 들어서 그는 조용히 꼭 필요한 것에만 정신을 쏟았고 말년에는 밤낮으로 기도만 했다. 다른 말은 거의 한마디도 하지 않았고, 단출하고 단순하게 생활했다.

사람들도 그를 두고, 하만이 북방의 마인(魔人)이라면 남방의 마인(魔人)은 외팅어라고 했다. 그들은 계몽주의 물결에 우뚝 솟아

무어하르트(Murrhardt) 시립교회 안에 있는 외팅어 무덤

경건의 후예들 75

외팅어가 목사로 시무한, 독일 뷔르템베르크 지방의 소도시 히르자우(Hirsau)의 마리엔카펠레 교회 외관

난 봉우리로 보았던 것이다. 이 두 사람은 인간 지식 저 너머의 시선을 가졌고, 그들의 머리는 세속 초월적이고 구름 위를 떠다녀서 그 누구도 지상에서는 그들의 신비를 벗겨낼 수 없었다.

외팅어는 이성주의를 극복한 사람이었다. 그래서 외팅어의 신학은 '창안해낸 신학'이 아니라 '체험적 신학'이라고 불렸다. 그는 신학이 삶에 도움을 주는 학문이어야 한다고 늘 생각했다.

Chapter 3
'경건주의' 운동이 오늘날에 전해주는 메시지

"경건, 신앙생활의 가장 중요한 핵심"

우리는 이 시대에 왜 또다시 경건을 말하는가?

17~18세기 독일 경건주의에서 신앙에 유익한 무엇을 가져올 수 있단 말인가? 그것도 300년이나 지난 오늘날에 말이다.

경건은 신앙생활의 가장 중요한 핵심이라 볼 수 있다. 과거에서 미래를 위한 교훈을 찾아낼 수 있듯이, 우리는 앞서 소개한 경건주의자들에게서 많은 신앙의 유산을 이어받을 수 있을 것이다. 경건주의는 교리에서 삶으로 그 강조점을 옮겼으며, 개신교 영성의 가장 중요한 산물이라 볼 수 있다.

슈페너를 통해 우리는 학문으로서의 신앙이 아니라 가슴으로 체험하는 신앙의 중요성을 알았다. 그는 또 루터의 정신인 '만인제사장주의'를 새롭게 각인시키며, 신도 한 사람 한 사람의 존재가 중요하다는 것을 강조한다. 그래서 슈페너는 평신도의 신앙 수준이 교역자의 수준에까지 상승해야 한다고 했으며, 하나님과의 직접적 교통이 무엇보다 중요하다고 강조한다.

프랑케는 경건주의 신앙 운동을 사회 및 교육사업과 접목한 사

우리나라 조선에서 최초로 사역한 귀츨라프 선교사는 아시아 일대의 섬을 위주로 활발한 선교 활동을 펼쳤다

람이다. 그리고 선교에 대한 사역도 매우 중요하게 생각했는데, 우리나라 조선에서 사역한 최초의 선교사였던 귀츨라프Karl Friedrich August Gützlaff도 할레 선교 단체 출신이었다.

친첸도르프는 형제애를 강조했고 공동체의 이상적 모델을 제시하고 있다. 무엇보다 그리스도께서 우리를 사랑한 것같이 형제 된 우리가 하나님 안에서 서로 사랑해야 한다는 것을 강조했다.

그는 요한일서 3장 16절 말씀을 모토로 자기 목숨처럼 형제를 사랑하는 것이 참 성도들의 기본 덕목이라는 것을 강조했고, 성령의 체험에 따라 살아가야 한다는 것을 보여준다.

다양한 출신의 구성원으로 헤른후트 공동체의 하나 됨은, 연합된 우리의 모습이 오늘날 강조되어야 함을 말해준다.

한 걸음 더 나아가 개인화되어가는 이 시대에 우리는 나 외의 타자(他者·형제)에 대한 관심과 사랑을 친첸도르프에게서 배울 수 있다. 친첸도르프가 이끈 모라비안 선교 정신은 이후 선교 관련 방향성을 제시해 주었다.

벵엘은 신학의 가장 주된 교재가 성경이라고 했고, 말년에 그는

귀츨라프 선교사가 선교활동을 활발하게 전개한 카우룽 반도에서 바라본 홍콩의 옛 풍경

성경만 읽었다.

  그는 하나님 말씀인 성경의 중요성을 강조했다. 그리고 벵엘이 보여주는 신앙 인격과 교육자, 설교자로서의 태도는 후대 많은 사람에게 영향을 주어, 특히 프라티히나 외팅어 같은 걸출한 제자를 배출했다.

  우리 역시 벵엘처럼 훌륭한 신앙 인격을 가지고, 성경이 가장 중요한 교재임을 인식하면서, 후손에게 신앙을 양육하는 열심을 가져야 할 이다.

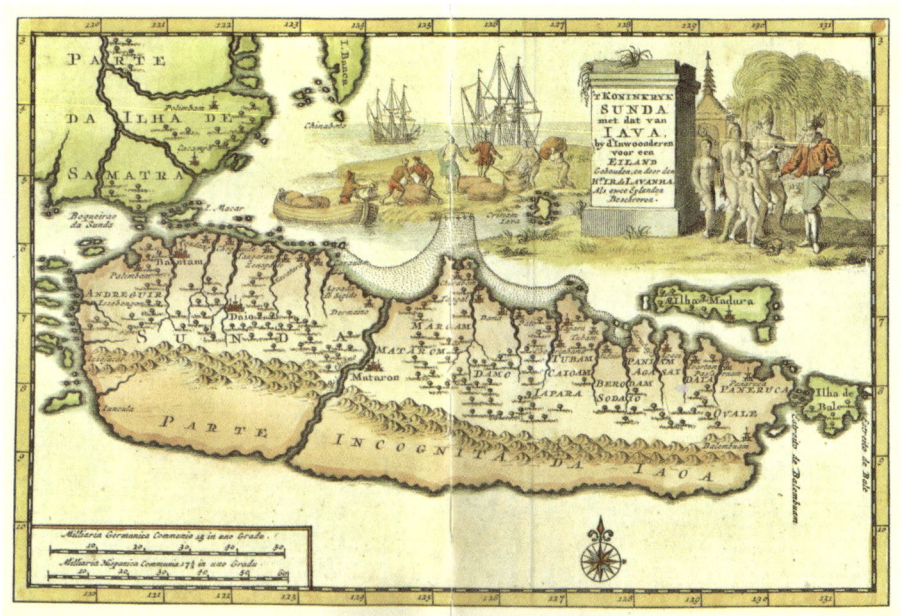
귀츨라프 선교사가 선교활동을 전개했던 인도네시아 자바 섬 옛 지도

프라티히는 벵엘의 제자로서 청빈한 삶을 살았다. 그가 보여준 겸손함은 후대에 큰 영향을 미친다. 오늘날 교회에 아직 계급(위계)이 존재하는가.

프라티히를 보라! 거지같은 옷을 입고 자신의 소유를 불쌍한 사람들에게 나눠주는 모습은 이 시대에 드문 광경이다.

고 한경직 목사님이 걸어가신 길이 바로 프라티히가 갔던 길이라 할 수 있으리라.

"희생하라, 낮아져라, 버려라…"

우리가 쉽게 입에 올리는 이런 자세를 생활 속에 실천하기란 힘든 일이다. 하지만 경건의 삶은 바로 낮고 겸손한 모습의 삶을 의미한다.

무엇보다도 외팅어는 당시 계몽주의의 거대한 사상 조류에 기독 정신이 함몰되는 것에 격렬히 저항했던 사람이다.

21세기 개성·자율성·다양성·대중성을 중시한 포스트모더니즘 postmodernism 등의 사상적 조류가 오늘날 우리의 경건을 위협할 때 외팅어의 신앙 자세는 많은 경각심을 불러일으킨다. 당시 계몽주의에 의한 인간 이성 중심의 신앙을 경계했던 외팅어를 비롯한

귀츨라프 선교사가 중국선교 활동에 나서서 성경을 인쇄하는 장면 일러스트

경건주의자들의 관심은, 당시의 이성주의(자연신, 자유주의 신학)의 거대한 물결을 막고 어떻게 하나님 중심의 순수 복음을 유지해 나가는가 하는 것이었다.

오늘날 포스트모던postmodern 시대에 몰려오는 세속주의·번영신학·자유주의 사상의 물결이 온 교회를 물들이는 이때 우리가 어떠한 자세를 가져야 하며 어떤 신앙적 결단을 해야 하는가는 무척이나 중요한 문제다.

외팅어는 기도의 사람이었다.

기도의 힘이 이러한 경건을 지켜 줄 수 있었다. 바쁘고 혼돈된 현대를 살아가는 우리에게 기도를 통한 영성 회복이 무엇보다 중요한 이유이다. 아침에 일어나서 휴대폰을 먼저 찾을 것인가, 하나님 말씀인 성경을 먼저 찾아 하루의 시작을 기도로 할 것인가 사이에서 결단이 요구되는 시대이다.

귀츨라프 선교사가 첫발을 내디딘 우리나라 고대도 기념교회 귀츨라프 전시자료

경건의 삶을 살아내는 것, 이것이 오늘날 우리에게 주어진 과제이자 하나님의 뜻일 것이다.

'예수 그리스도 심장'으로 독일 경건주의 주창한 선구자들

경건의 후예들

발행	2018년 11월 15일
지은이	정인모
펴낸 곳	여행마인드(주)
발행 · 편집인	신수근
편집디자인	나래
등록번호	제2014-54호
주소	서울 관악구 관악로 105 동산빌딩 403호
전화	02-877-5688(대)
팩스	02-6008-3744
이메일	samuelkshin@naver.com

ISBN 979-11-87634-13-3 부가기호 03230 (PUR제본)
정가 10,000원